Historiarte
Entrelaços da Imaginaçã
CB002888
Livro 3
2 a 3 anos

Dados Internacionais de Catalogação na Publicação (CIP) de acordo com ISBD

M149h Machado, Jô

Historiarte - Livro 3 / Jô Machado, Maria Cristina Pereira, Elidete Zanardini Hofius ; ilustrado por Shutterstock. - Jandira, SP : Ciranda Cultural, 2021.
32 p. : il. ; 24cm x 24cm.

ISBN: 978-65-5500-235-5

1. Educação. 2. Educação infantil. 3. Arte. 4. Literatura. 5. Literatura infantil. 6. Pedagogia. I. Pereira, Maria Cristina. II. Hofius, Elidete Zanardini. III. Shutterstock. IV. Título.

2021-834 CDD 372.2
CDU 372.4

Elaborado por Vagner Rodolfo da Silva - CRB-8/9410

Índice para catálogo sistemático:

1. Educação infantil : Livro didático 372.2
2. Educação infantil : Livro didático 372.4

Ilustrações: Shutterstock
Diagramação e projeto gráfico: Ana Dóbon
Produção: Ciranda Cultural

1ª Edição em 2021
www.cirandacultural.com.br

Historiarte

Entrelaços da Imaginação

Contos de fadas e outras histórias:

um passeio pelo imaginário infantil

Obra: *O Semeador*
Autor: Vincent Willem Van Gogh, 1888.
Fonte: Museu Kröller--Müller, Holanda

Ao apreciarmos a imagem criada pelo pintor holandês Vincent Van Gogh, podemos fazer uma analogia da importância da semeadura e das ações desenvolvidas pelos professores com as crianças na faixa etária de 2 a 3 anos. As ações docentes são determinantes para a aprendizagem e o desenvolvimento das crianças.

Nessa perspectiva, uma grande aliada no cotidiano de crianças pequenas e professores é a literatura infantil. Portanto, a arte de contar, ler e dramatizar histórias é uma extraordinária estratégia dos professores, na medida em que é importante para a formação de qualquer criança ouvir muitas histórias. Escutá-las é o início da aprendizagem para ser um leitor, e ser leitor é ter um caminho absolutamente infinito de descoberta e de compreensão do mundo.

A literatura para os alunos da Educação Infantil é a mobilizadora de aprendizagens e desenvolvimento, na medida em que é capaz de acionar o imaginário e as múltiplas linguagens das crianças.

A partir dos 2 anos de idade, a maioria das crianças anda, fala palavras e frases, é capaz de compreender uma história lida, contada ou dramatizada e também consegue recontar pequenas histórias para os adultos.

A presença de livros e de adultos que gostam de ler na vida das crianças podem ser propulsores de muitas experiências para elas, na medida em que pensamento e linguagem estão intrinsecamente relacionados.

Alguns autores apresentam especificidades nos conteúdos explorados nos livros e que podem ser trabalhados de acordo com a faixa etária. Vale considerar que há diferentes tipos de livros para crianças, mas é indispensável identificar quais são de literatura e quais são paradidáticos.

Os livros de literatura não têm explícito o compromisso em ensinar algo para a criança, são para apreciação e deleite, para encantar e acionar o imaginário delas. Já os paradidáticos têm a intenção de ensinar um conteúdo ou um comportamento às crianças.

O uso desses dois tipos de produções vai depender da intencionalidade do professor. Mas os livros de literatura são os que mais acessam a imaginação da criança e abrem possibilidades para ela se expressar em suas múltiplas linguagens. Um livro de literatura pode repertoriar a criança de 2 a 3 anos a:

INTERAGIR

MODELAR

CANTAR

DANÇAR

Nessa perspectiva, a presença dos contos de fadas são imprescindíveis para a aprendizagem e o desenvolvimento das crianças, na medida em que:

> [...] são ímpares, não só como forma de literatura, mas como obras de arte integralmente compreensíveis para a criança como nenhuma outra forma de arte o é. Como sucede com toda grande obra de arte, o significado mais profundo do conto de fada será diferente para a mesma pessoa em vários momentos de sua vida. A criança extrairá significados diferentes do mesmo conto de fada, dependendo de seus interesses e necessidades do momento. (BETTELHEIM, 2008, p. 20).

É salutar considerarmos para as crianças de 2 a 3 anos todas as orientações expressas também nos livros 1 e 2 desta coleção, porque pode ser que a criança nunca tenha estado em uma instituição educativa e os livros não façam parte do seu contexto familiar. Portanto, cabe a você, professor, perceber quais os tipos de encaminhamento que terão sucesso com o grupo de crianças de sua responsabilidade.

ALGUMAS AÇÕES FAVORÁVEIS AO SUCESSO DO TRABALHO:

1. Tenha um espaço de literatura na sala;
2. Disponibilize uma variedade de livros nesse espaço, no mínimo, um por criança;
3. Opte pela qualidade dos livros disponibilizados;
4. Leia os livros para as crianças antes de colocá-los nesse espaço;
5. No início do ano, leve para esse espaço os livros que foram explorados pelas crianças nas turmas anteriores;
6. Leia os livros que as outras crianças já conhecem para as crianças que estão pela primeira vez em uma instituição educativa. Assim, os alunos que não são novos poderão ajudar a contar a história;
7. Leia e releia o mesmo livro. Quando as crianças gostam da história, apreciam a repetição;
8. Crie um espaço aconchegante para as crianças ouvirem e explorarem os livros;
9. Use objetos ou brinquedos para contar a história;
10. Contemple livros com muitas imagens;
11. Não transforme o momento da leitura de um livro em um momento para aprender uma lição;

12. Planeje os momentos de leitura, considerando espaços, tempos e materiais. Assim, leve o momento com os livros para outros espaços da instituição educativa, como em uma tenda armada na grama ou utilizando tapetes e almofadas no pátio coberto;

13. Seja um exemplo como leitor ou contador, criando uma conexão com a criança, uma vez que nessa faixa etária elas imitam tudo o que o adulto faz;

14. Envolva-se na leitura e na contação de histórias. O tom de voz e os movimentos corporais são essenciais para encantar as crianças.

Diante das ações favoráveis ao desenvolvimento da arte de contar e ler histórias, é importante identificar qual é a intenção do professor com o livro que está utilizando.

Os contos de fadas clássicos podem ser explorados para repertoriar o imaginário das crianças e fornecer elementos para as suas brincadeiras de faz de conta.

OUTRAS AÇÕES QUE PODEM SER REALIZADAS APÓS A LEITURA OU A CONTAÇÃO DAS HISTÓRIAS:

- Permita que as crianças leiam o livro para as outras crianças;

- Monte com as crianças, de acordo com os interesses, a casa de doces de João e Maria, o castelo da Rapunzel, o pé de feijão do João, o lago do patinho feio, o mar da pequena sereia, o castelo da Fera, as casas dos três porquinhos, dos três ursos, dos sete anões e da vovozinha da Chapeuzinho Vermelho (ou qualquer outro ambiente das histórias lidas ou contadas) e dramatize a história com elas. Os ambientes podem ser montados com elementos do contexto das crianças, como tecidos, almofadas, mesas, cadeiras, ou criados pela imaginação e o faz de conta. O importante é que cada criança seja quem ela quiser ser, não importando se mais de um aluno for o mesmo personagem;

• Após o trabalho com vários contos de fadas, promova o "dia da fantasia", no qual cada criança poderá escolher um personagem. O professor poderá decidir em conjunto com as crianças os detalhes desse dia;

- O trabalho com os livros sonoros permite que as crianças tenham autonomia para ouvir a história preferida no momento em que desejarem. Mas é indispensável que o professor oriente as crianças menores antes de disponibilizar o livro a elas, para o sucesso da atividade;

- Quando perceber que as crianças gostam muito de determinado personagem, faça bonecos para interagir com elas;

- É importante ler e disponibilizar às crianças várias versões do mesmo livro, para que possam escolher a versão com a qual mais se identificam.

A) LIVROS PARA LER E APRECIAR AS IMAGENS:

B) LIVROS PARA LER, APRECIAR AS IMAGENS E INTERAGIR COM OS POP-UPS:

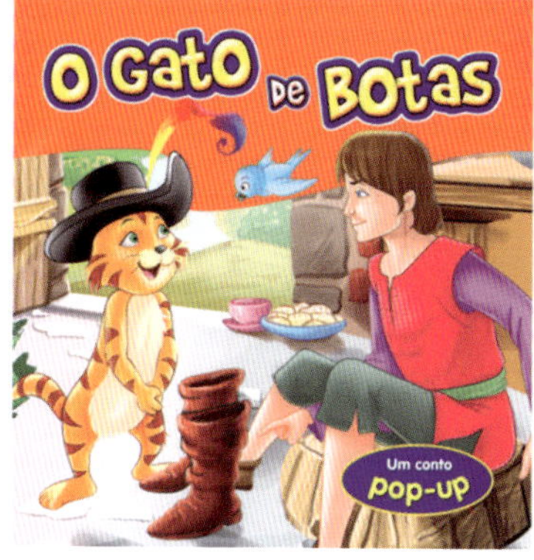

C) LIVROS PARA LER, APRECIAR AS IMAGENS, OUVIR O ÁUDIO E INTERAGIR:

João
e
Maria

Contos Clássicos
A Bela e a Fera
Para ler e ouvir

Cachinhos Dourados
e os Três Ursos

Os Três
Porquinhos

Contos Clássicos
Pinóquio
Para ler e ouvir

D) LIVROS PARA LER, APRECIAR A HISTÓRIA E MONTAR OS QUEBRA-CABEÇAS:

A oferta de diferentes tipos de livros com versões da mesma história possibilita que as múltiplas linguagens das crianças sejam acionadas e cada criança seja atendida também em sua individualidade e preferências.

A leitura e a contação dos contos clássicos alimentam as brincadeiras de faz de conta. Nessa faixa etária, muitas crianças têm fascinação pelos personagens e facilidade em fazer de conta que é um personagem, principalmente se for um animal que muito a encantou.

Nessa direção, além dos clássicos, outras histórias podem encantar as crianças pequenas e possibilitar um trabalho significativo para o desenvolvimento e a aprendizagem delas.

As crianças apreciam muito os livros que apresentam os animais e suas falas. É comum que repitam as vozes dos animais, bem como as falas humanizadas. Portanto, é indispensável que o professor considere as ações que favorecem a aprendizagem e o desenvolvimento das crianças ao explorarem esses livros.

Há livros que, além de proporcionarem prazer, alegria e repertoriar as crianças, também possuem um brinquedo que facilita as interações e a brincadeira.

Livros com fantoches de pelúcia possibilitam que as crianças apreciem a história, brinquem e interajam com o personagem de pelúcia que vem no livro.

Caso o professor tenha o intuito de ensinar algo explicitamente para as crianças por meio de livros de histórias, então poderá fazer uso de livros paradidáticos.

Para aprofundar os conhecimentos da criança sobre os animais, os livros *Amigos do Quintal*, *Amigos do Oceano* e *Amigos da Selva* possibilitam que ela tenha acesso a várias informações de forma agradável e lúdica.

Um livro de contos de fadas pode despertar tanto o interesse de um grupo de crianças, que isso pode resultar em um projeto no qual os livros paradidáticos são bastante oportunos. Por exemplo, ao explorar o livro *A Pequena Sereia,* o interesse pelo mar pode ser tão grande que demande a realização de um trabalho com o livro *Amigos do Oceano*.

Da mesma forma, o professor pode optar por usar livros que tratam, de maneira lúdica, de conceitos comuns ao dia a dia da criança. Os conceitos de seco/molhado, curto/comprido, alto/baixo, manchas/listras, são tratados de forma lúdica no dobrar e desdobrar das páginas do livro *Opostos - Coleção Dobra e Desdobra.* Há também um livro chamado *Opostos - Dentro e fora*, no qual, os conceitos de grande/pequeno, quente/frio, devagar/rápido, em cima/embaixo, leve/pesado, sujo/limpo, adulto/criança são apresentados de forma lúdica e agradável às crianças com imagens em alto ou baixo-relevo.

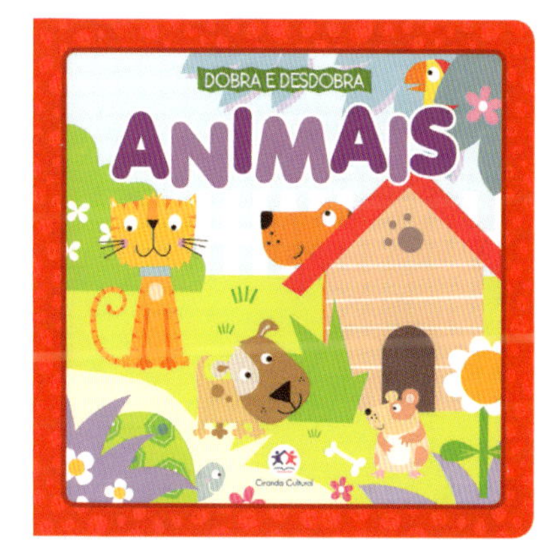

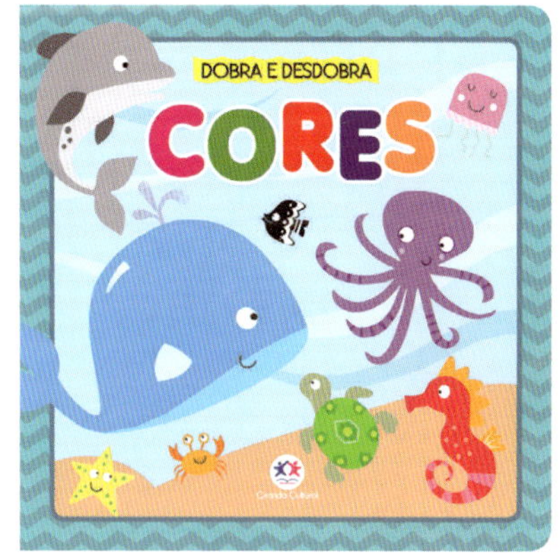

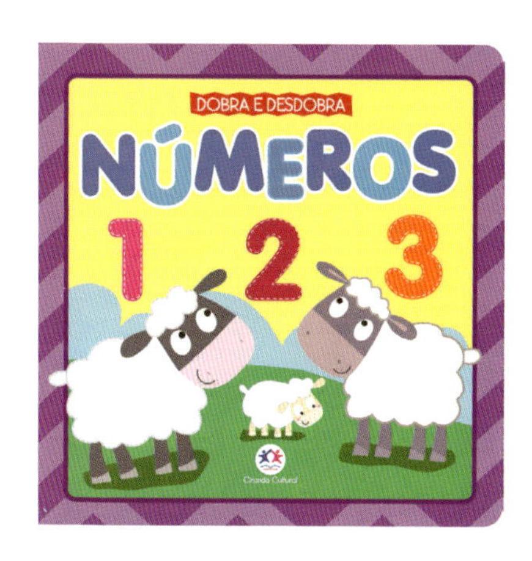

Neste mesmo sentido, outros livros que trazem informações sobre determinado conteúdo podem auxiliar o professor de acordo com sua pretensão: conhecer mais sobre animais, cores, números, letras, contagem, etc. de maneira lúdica e agradável.

Há a possibilidade de os livros propiciarem a aprendizagem de um determinado conteúdo e também trazerem elementos para as crianças sentirem e brincarem, como as histórias: *Hora de Brincar, Dinos*, *Hora de partir, Renas*, *Hora de dormir, Ursinhos*, *Hora de brincar, Sapinhos* e *10 Estrelinhas Brilhantes.* Ao mesmo tempo em que apresentam a contagem regressiva, possuem elementos em alto-relevo que despertam o desejo de tocar, sentir e interagir com os elementos.

Nessa mesma perspectiva, o livro *Animais divertidos* possui informações sobre os animais em seis pequenos livros, cujo verso de cada um é uma das peças de um quebra-cabeça. Portanto, é fundamental que a questão lúdica permeie as histórias, na medida em que uma das linguagens mais próximas das crianças é o brincar. Assim, é recomendável que o professor que atua com crianças de 2 a 3 anos esteja atento às necessidades do grupo e escolha o material que mais contribuirá para a aprendizagem e o desenvolvimento de seus alunos.

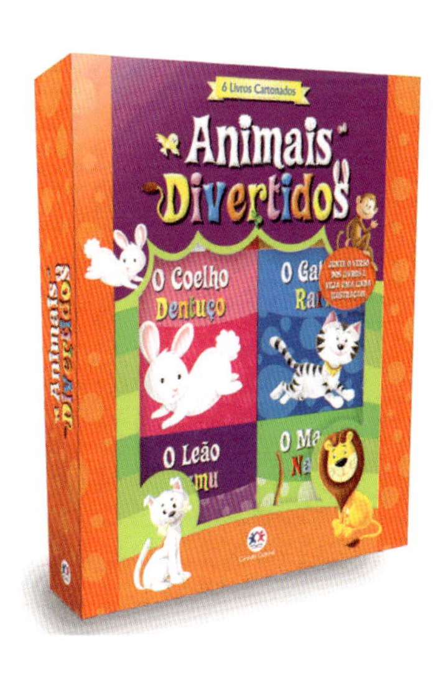

Diante das inúmeras possibilidades de trabalho com os diferentes tipos de livros de histórias, cabe ao professor, de acordo com o Projeto Político Pedagógico da instituição educativa na qual trabalha, optar pelas estratégias que mais condizem com as concepções da instituição, mas é indispensável conhecer todas as possibilidades para ter repertório ao fazer as suas escolhas. Entre inúmeras outras vantagens que a contação de histórias traz às crianças, Busatto (2003) aponta que o professor precisa contar história "para formar leitores; para fazer da diversidade cultural um fato; valorizar as etnias; manter a História viva; para se sentir vivo; para encantar e sensibilizar o ouvinte; para estimular o imaginário; articular o sensível; tocar o coração; alimentar o espírito; resgatar significados para a nossa existência e reativar o sagrado".

Vale considerar que independentemente das escolhas do professor, os contos de fadas clássicos podem ser apresentados e reapresentados utilizando os sinais e marcas como códigos que facilitam as experiências com as histórias, como também o uso de elementos pelo professor para ler, contar ou dramatizar para e com as crianças. Nessa dimensão, os personagens dos contos precisam ser trabalhados, tanto na forma animada quanto no jogo pessoal, considerando que as Diretrizes Curriculares Nacionais da Educação Infantil (DCNEI, Resolução CNE/CEB nº 5/2009), em seu Artigo 4º, definem a criança como: "sujeito histórico e de direitos, que, nas interações, relações e práticas cotidianas que vivencia, constrói sua identidade pessoal e coletiva, brinca, imagina, fantasia, deseja, aprende, observa, experimenta, narra, questiona e constrói sentidos sobre a natureza e a sociedade, produzindo cultura" (BRASIL, 2010).

Portanto, ao levar às crianças de 2 a 3 anos o acesso aos livros de histórias, bem como encaminhamentos adequados, o professor está proporcionando também que cada criança tenha acesso ao mundo da arte e da literatura, e na interação com ele, produza cultura.

REFERÊNCIAS

ABRAMOVICH, Fanny. *Literatura infantil: gostosuras e bobices.* São Paulo: Scipione, 1993.

BETTELHEIM, B. *A psicanálise dos contos de fadas.* 16ª ed. Rio de Janeiro: Paz e Terra, 2002.

BRASIL. Ministério da Educação. Secretaria de Educação Básica. *Diretrizes curriculares nacionais para a educação infantil* / Secretaria de Educação Básica. – Brasília: MEC, SEB, 2010.

BUSATTO, Cléo. *Contar e encantar – pequenos segredos da narrativa.* Petrópolis: Vozes, p. 45, 46; 2003.

VAN GOGH, Vicent. *O semeador*, 1888. Fonte: Museu Kröller-Müller, Holanda.